GW01465383

Mousse et Toupet vont à l'école

Agnès Bertron est née en 1960 à Saint-Germain-en-Laye. Aujourd'hui, elle habite dans le sud de la France avec ses quatre garçons. Après avoir longtemps rêvé d'être médecin, elle s'est orientée vers des activités littéraires et artistiques. Elle aime écrire et interpréter des spectacles pour enfants. Mais ce qu'elle adore avant tout, c'est s'occuper de sa famille.

Du même auteur dans Bayard Poche :
Flora, chanteuse d'opéra - La marmaille de la reine - Flora part à Pékin (Les belles histoires)

Graham Percy, né en Nouvelle-Zélande, est arrivé en Angleterre dans les années soixante pour suivre des études d'art graphique. Il a fait ensuite une brillante carrière d'illustrateur. Depuis, il a collaboré à plus d'une centaine d'albums et a contribué à l'élaboration de plusieurs films d'animation. Aujourd'hui, Graham Percy donne des cours sur l'illustration jeunesse et continue à travailler pour les éditeurs du monde entier.

Quatrième édition

© 2003, Bayard Éditions Jeunesse
© 1998, Bayard Éditions
Tous les droits réservés. Reproduction, même partielle, interdite
Dépôt légal : février 2003
Loi du 16 juillet 1949 sur les publications destinées à la jeunesse

Mousse et Toupet vont à l'école

Une histoire écrite par Agnès Bertron
illustrée par Graham Percy

LES BELLES HISTOIRES

BAYARD POCHE

Mousse est un petit mulot gris.

Il vit heureux avec sa famille dans le bois de hêtres.

Mousse habite un terrier* douillet.

Il est le plus jeune, le dernier de la famille.

Tout le monde le chouchoute.

Sa maman lui frotte le nez doucement,

son papa lui gratte la tête en rigolant.

Pourtant, depuis peu, Mousse est malheureux.

* Ce mot est expliqué page 29, n° 1.

Depuis que Mousse va à l'école,
tout au bout de la clairière*,
il n'a toujours pas d'amis.
Mousse voudrait avoir un ami.
Il sait qui.

* Ce mot est expliqué page 29, n° 2.

C'est Toupet que Mousse voudrait comme ami.
Mais il ne le lui a jamais dit.
Toupet est un mulot brun qui rit tout le temps
et qui fait beaucoup de bruit.
Toupet est dans la même classe que Mousse.

Le matin, pour aller à l'école,
les petits mulots doivent traverser tout le bois.
Sur le chemin, les frères de Mousse sautent à toute allure.
Toupet raconte des blagues à un tas de petits mulots
qui pouffent de rire autour de lui.
Mousse est loin derrière.
Il marche lentement, sans faire de bruit.
Il passe devant l'arbre de la famille Écureuil
et devant le tronc creux où il aime se cacher.
Puis il reconnaît le rocher pointu
         comme une carotte.

Mousse aime le silence de la forêt.

Mais quelquefois, ce silence est trop grand.

Alors Mousse a peur. Les autres sont si loin devant !

Il a peur que Goupil le renard ne pointe son nez
derrière le rocher
et qu'il ne vienne le dévorer.

Il a si peur qu'il n'entend plus dans la forêt
que le bruit de son cœur qui cogne très fort.

Il aimerait que Toupet marche à côté de lui,
mais il ne le lui a jamais dit !

Dans la classe,

quand il faut s'asseoir pour écouter une histoire,

tout le monde se précipite.

Mousse arrive toujours le dernier dans la classe.

Il n'y a plus de place pour lui.

Il est tout coincé contre le mur et il ne voit pas les images.

Toupet, lui, est toujours le premier.

Il s'assied tout devant.

Mousse aimerait bien

que Toupet lui garde une place à côté de lui,

mais il ne le lui a jamais dit !

Quand c'est l'heure de la récréation,
ça crie youpi ! hourra ! de tous les côtés.
Tous les petits mulots bruns ou gris
s'éparpillent en riant dans la cour.
Mousse reste seul dans la salle silencieuse.
Il regarde Toupet
qui organise une partie de saute-mulot.
Mousse approche son museau de la vitre.
Il aime bien le silence de la classe.
Mais quelquefois ce silence est trop grand.
Mousse aimerait bien que Toupet vienne le chercher
pour jouer et faire du bruit, lui aussi.
Mais il ne le lui a jamais dit !

Quand vient l'heure du goûter,

les sacs s'ouvrent, les papiers se déchirent.

Les yeux se mettent à briller,

les petites dents se mettent à grignoter.

Mais Mousse ne peut rien avaler.

Rien ne passe dans son gosier*.

Pas la moindre miette de la grosse brioche

que sa maman lui a cuisinée.

Il voudrait bien partager son goûter avec Toupet,

mais il ne sait pas comment le lui dire.

Alors il range la brioche dans son sac.

Et sur le chemin du retour,

pendant que les autres foncent vers leurs terriers,

Mousse émiette son goûter, et les oiseaux se régalent.

* Ce mot est expliqué page 29, n° 3.

Ce jour-là, quand il est l'heure de quitter l'école,
Mousse suit des yeux
le jeu de cache-cache dans les feuilles mortes
que Toupet a déclenché.
Mousse écoute les cris de joie
que poussent tous les petits mulots.
Mais voilà Toupet qui fait demi-tour.
Il a oublié son bonnet et son écharpe.
Il retourne vite à l'école.
Quand il revient, les autres sont déjà loin.
Il ne reste plus que Mousse.
Les deux mulots marchent l'un derrière l'autre.
Ils entrent dans le bois.

Tout à coup, derrière le rocher pointu comme une carotte,
Mousse aperçoit les yeux de Goupil
qui brillent dans l'ombre.
Mousse crie à Toupet :
– Attention, le renard !
Et ils bondissent entre les feuilles
le plus vite qu'ils peuvent,
sans s'arrêter, sans se retourner.

Soudain, Mousse reconnaît le tronc creux.

Il crie à Toupet :

– Suis-moi !

Et les deux petits mulots se faufilent*

dans le trou de l'arbre.

La cachette est si profonde

que la patte de Goupil ne peut pas les attraper.

L'entrée est si étroite

que le museau de Goupil ne peut pas passer.

Goupil reste là, tout bête, sans pouvoir les manger.

Alors il s'assied et il attend.

Sans dire un mot,

Mousse et Toupet se serrent l'un contre l'autre

pour avoir moins peur.

* Ce mot est expliqué page 29, n° 4.

Voilà la nuit. Le renard est parti.

Il en avait assez d'attendre.

Mais Mousse et Toupet n'osent pas sortir :

ils ont peur de se perdre dans le noir.

Toupet dit bravo à Mousse d'avoir vu le renard à temps.

Toupet dit merci à Mousse pour la cachette.

Alors Mousse dit à Toupet

tout ce qu'il ne lui a jamais dit :

ses peurs dans le bois le matin,

la place qu'il aimerait bien avoir à côté de lui dans la classe,

son goûter qu'il aimerait bien partager,

le jeu de saute-mulot qu'il n'a jamais essayé.

Quand il a tout raconté, Mousse se sent tout léger.

Toupet est bien surpris. Il dit à Mousse :

– Mais pourquoi tu ne me l'as jamais dit ?

Mousse et Toupet s'endorment tranquillement

comme deux petits mulots amis

qui n'ont pas peur du silence de la nuit.

Juste avant l'aube, Mousse et Toupet sont réveillés
par les voix affolées de tous les mulots de la forêt
qui les cherchent partout.
Alors ils sortent de leur trou
et ils sautent au cou de leurs parents.
Ce matin-là,
Mousse est bien content d'être à l'école.
Il est au premier rang, à côté de Toupet.
Tous les deux,
ils racontent aux autres mulots de la classe
comment ils ont échappé au renard
et comment ils ont passé la nuit tout seuls
sans avoir peur du silence de la forêt.

Les mots de l'histoire

1. Un **terrier** est un trou que certains animaux, comme les mulots ou les lapins, creusent dans la terre pour s'abriter.

2. Une **clairière** est un endroit au milieu d'une forêt où il n'y a pas d'arbres. Il y fait clair.

3. Le **gosier**, c'est le fond de la gorge. Quand on crie très fort, on dit qu'on s'égosille.

4. Se faufiler, c'est se glisser très vite et très habilement quelque part.

LES BELLES HISTOIRES

Le plaisir des premières histoires partagées

Se faire peur et frissonner de plaisir   **Rire et sourire avec**

LES BELLES HISTOIRES — Les trois sorcières

LES BELLES HISTOIRES — Le cadeau magique

LES BELLES HISTOIRES — Sorcière contre robot

des personnages insolites   **Réfléchir et comprendre la vie de**

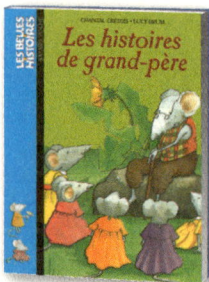

LES BELLES HISTOIRES — Les histoires de grand-père

LES BELLES HISTOIRES — Le prince Olivier ne veut pas se laver

LES BELLES HISTOIRES — Rosalie, Sidonie et Mélanie

tous les jours   **Se lancer dans des aventures pleines de**

LES BELLES HISTOIRES — Mousse et Toupet vont à l'école

LES BELLES HISTOIRES — Une sorcière pas ordinaire

LES BELLES HISTOIRES — Parfaite, la princesse ?

rebondissements   **Rêver et voyager dans des univers fabuleux**

Le magazine qui donne des ailes à l'imagination

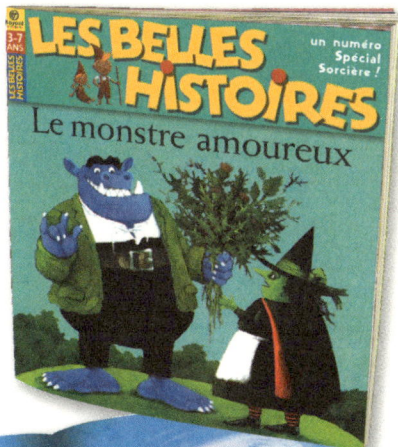

Partagez avec votre enfant de vrais moments d'émotion et de découvertes.

Chaque mois *Les Belles Histoires* prêtent leurs pages à un auteur et un artiste pour mettre en scène une grande et belle histoire.

Et pour que les enfants continuent à rêver, *Les Belles Histoires* leur offrent tous les mois 4 cartes à collectionner pour imaginer et inventer d'autres histoires.

Disponible tous les mois chez votre marchand de journaux ou par abonnement.

Achevé d'imprimer en février 2003 par Oberthur
35 000 RENNES – N° Impression :4649
Imprimé en France